CHOIX
DE
CANTIQUES

POUR ACCOMPAGNER

LES CHANTS-CARILLONS

DE

M. l'abbé GIRARD

CURÉ DE LA PAROISSE D'ENTRE-DEUX-EAUX

PARIS
F. HUMBERT, LIBRAIRE-ÉDITEUR
17 rue Cassette, 17

—

MIRECOURT
Rue de l'Hôtel-de-Ville, 31

Mes chers enfants,

Je sais combien vous aimez les cloches, à les entendre et à les sonner. Vous avez bien raison de les aimer, car les cloches forment la plus belle, la plus éclatante, la plus harmonieuse de toutes les musiques du monde. Mais vous ne les trouverez jamais plus belles que lorsque vous les entendrez chanter les louanges du bon Dieu, et que vous saurez les accompagner de vos belles et charmantes voix. C'est pour vous aider à remplir cette noble fonction que j'ai fait ce petit livre de Cantiques, avec lequel vous apprendrez les Chants-Carillons dans les écoles; et lorsque vous les entendrez carillonner sur les cloches, étant à la maison, en voyage, au milieu des campagnes, en gardant les troupeaux, vous les reconnaîtrez facilement, et vous chanterez avec les cloches la gloire du Dieu Très-Haut, les louanges de la Sainte Vierge et des saints, les charmes de la vertu et le bonheur du ciel ; et, en chantant ainsi avec elles, vous les trouverez toujours plus belles, vous les aimerez davantage, et vous commencerez à faire, sur la terre, ce que font les saints dans le ciel : vous plairez au bon Dieu, et il vous bénira.

GIRARD

CANTIQUES
POUR ACCOMPAGNER
LES CHANTS-CARILLONS

N° 1.
Destination des Cloches.

1. À qui doit-on consacrer l'harmonie,
Les doux accords, les sons mélodieux?
C'est au Seigneur, le maître de la vie,
Que nous devons nos voix, nos chants joyeux. *(bis.)*

REFRAIN.

Sonnez, sonnez,
Dans cette tour,
Cloches, chantez
Le Dieu de notre amour.

2. Cloches, sonnez, parlez, airain sonore,
À nos accords mêlez vos chants pieux;
Chantez le Dieu que l'univers adore,
Le Roi puissant de la terre et des cieux. *(bis.)*
   Sonnez, etc.

3. Du nouveau-né célébrez la naissance,
Dites surtout la clémence et l'amour,
Du Dieu sauveur qui lui rend l'innocence,
Et tous ses droits au céleste séjour. *(bis.)*
   Sonnez, etc.

4. Quand deux époux confondant leur prière
Viendront s'unir par les plus doux serments,
Cloches, sonnez, couvrez le sanctuaire,
De sons joyeux, de carillons charmants.
   Sonnez, etc.

5 De nos soldats chantez aussi la gloire,
   Braves toujours, partout victorieux,
   Au son du canon, aux hymnes de victoire,
   De cette tour, mêlez vos sons joyeux. (bis.)
         - Sonnez, etc.

6 Par votre glas éveillez dans les âmes,
   Souvenir tendre et pitié pour tous ceux
   Que Dieu retient captifs au sein des flammes,
   En butte, hélas ! à ses traits rigoureux !
         Sonnez, etc.

7 De la vertu célébrez les doux charmes,
   Les anges saints s'uniront à vos voix ;
   Et les pécheurs, les yeux remplis de larmes,
   Viendront aussi se ranger sous ses lois. (bis.)
         Sonnez, etc.

8 Ah ! trop longtemps exilés sur la terre,
   Joignons nos chants aux chants des bienheureux ;
   C'est commencer dans ce lieu de misère,
   Le saint emploi qui nous attend aux cieux. (bis.)
         Sonnez, etc.

N° 2.

Louanges au Dieu créateur.

1 Du Roi des cieux tout célèbre la gloire,
   Tout à nos yeux montre un Dieu créateur ;
   De ses bienfaits perdrais-je la mémoire ?
   Tout l'univers m'annonce son auteur.
   L'astre du jour m'offre par sa lumière,
   Un faible trait de sa vive clarté ;
   Au bruit des flots, à l'éclat du tonnerre,
   Je reconnais le Dieu de majesté.

2 Charmants oiseaux de ce riant bocage,
   Chantez, chantez, redoublez vos concerts,
   Par vos accents rendez un digne hommage,
   Au Dieu puissant qui régit l'univers ;

Par vos doux sons, votre aimable ramage,
Vous inspirez l'innocence et la paix,
Et vos plaisirs du moins ont l'avantage,
Que les remords ne les suivent jamais.

3 Aimables fleurs qui parez nos rivages,
Et que l'aurore arrose de ses pleurs,
De la vertu vous me tracez l'image,
Par l'éclat pur de vos vives couleurs.
Si vous séchez où l'on vous voit éclore,
Et ne brillez souvent qu'un jour ou deux,
Votre parfum après vous dure encore,
De la vertu symbole précieux.

4 Charmant ruisseau qu'on voit dans la prairie,
Fuir, serpenter, précipiter son cours,
Tel est, hélas! le cours de notre vie,
Comme les eaux s'écoulent nos beaux jours.
Tu vas te perdre, à la fin de ta course,
Au sein des mers d'où jamais rien ne sort :
Et tous nos pas ainsi de notre source,
Toujours errants nous mènent à la mort.

5 Petit mouton qui pais dans cette plaine,
Que tu me plais par ta docilité!
Au moindre mot du berger qui te mène,
On te voit suivre avec fidélité ;
Si des pasteurs choisis pour nous conduire,
Nous écoutions comme toi la leçon,
Des loups cruels voudraient en vain nous nuire,
Tu suis l'instinct mieux que nous la raison.

6 Cher papillon qui d'une aile légère,
De fleurs en fleurs vole sans t'arrêter,
De nos désirs tel est le caractère,
Aucun objet ne peut nous contenter ;
Nous courons tous de chimère en chimère,
Croyant toujours toucher au vrai bonheur :
Mais ici-bas c'est en vain qu'on l'espère,
Et Dieu peut seul remplir tout notre cœur.

No 3.
La Providence dans les quatre saisons.

1. Oh! qu'il est admirable,
Le divin Auteur des saisons !
Oh! qu'il se montre aimable
En mille façons !
De concert, sa sagesse
Brille avec sa tendresse,
Et nous fait en tout temps
Ses heureux présents,
Sans fin renaissants.
Temps de travaux,
Temps de repos,
Tout se suit à propos :
De l'hiber les rigueurs,
De l'été les chaleurs,
Le printemps et ses fleurs,
L'automne et ses douceurs,
Jour, nuit, glace, feu,
Tout n'est qu'un jeu
Du doigt de Dieu.

L'HIVER.

2. Quand, sous l'âpre froidure,
Tout semble plongé dans la mort,
Le Dieu de la nature
Veille sur son sort.
C'est sa main qui protége
Fait vivre, sous la neige
Le blé tendre et naissant,
Des efforts du vent
Elle le défend.
Ainsi couvert,
Malgré l'hiver,
Il pousse toujours vert :
D'agréables brasiers
Echauffent nos foyers;
Un feu réjouissant
Chasse le froid glaçant ;
La douce chaleur
Rend la vigueur
A notre cœur.

Oh! qu'il, etc.

LE PRINTEMPS.

3. Des prisons de la glace
Le printemps dégage les eaux ;
Les sombres jours font place
A des jours plus beaux ;
La terre réjouie
Semble être rajeunie ;
Mille tendres oiseaux
Font sur les rameaux
Des concerts nouveaux.
Vives couleurs,
Douces odeurs
Enrichissent les fleurs ;
Elles charment nos sens,
Elles parent nos champs ;
Tous les arbres fleuris
Nous promettent leurs fruits ;
Au moindre besoin,
Dieu par son soin,
Pourvoit de loin.

Oh! qu'il, etc.

L'ÉTÉ.

4. Aux pieds de nos montagnes,
En été les blondes moissons,
Dans les riches campagnes,
Couvrent les sillons :
Dans son sein l'onde claire
Offre un bain salutaire,
Et sur ses bords riants,
Des lis verdoyants
Aux troupeaux paissants :
Le jeune essaim,
Dès le matin
Arrive sur le thym.
L'astre brûlant des jours
Mûrit tout dans son cours :
Des fruits rafraîchissants
Désaltèrent nos sens ;
Au sein des bosquets,
L'ombrage épais
Invite au frais.

Oh! qu'il, etc.

L'AUTOMNE.

5 Le gracieux automne
Nous présente mille douceurs ;
  La terre s'y couronne
  De biens enchanteurs,
 Dans nos gais paysages,
 A travers les feuillages
 Brillent des fruits mûris,
  Leur vif coloris
  Flatte l'œil surpris,
  On coupe enfin
  A pleine main
  Le précieux raisin ;
Son utile liqueur
Charme et soutient le cœur ;
N'abuse point, mortel,
De ce bienfait du ciel.
  Toujours sobrement
   Le sage prend
   Ce doux présent.
   Oh! qu'il, etc.

6 Chantons la Providence
Qui produit tant d'objets touchants ;
  Que la reconnaissance
  Éclate en nos chants ;
  L'auteur de la nature,
  Qui lui rend sa parure
  Par d'innocents plaisirs
   Prévient nos désirs,
   Calme nos soupirs.
   Oh! qu'il est grand !
   Qu'il est puissant !
  Mais qu'il est bienfaisant !
  Oui, c'est lui dont les mains
  Font tout pour les humains ;
  Pour prix de ses faveurs,
  Consacrons-lui nos cœurs ;
   Payons chaque jour
   Son tendre amour
   D'un vrai retour.
   Oh! qu'il, etc.

No 4.

Confiance en la Providence.

1 O douce Providence
Dont les divines mains
Sur nous en abondance
Répandent tous les biens.

REFRAIN.
Qui pourrait vous méconnaître
Pour l'auteur de ces présents,
Et ne pas se remettre } bis.
Entre ses bras puissants ?

2 O Sagesse profonde
Qui veille en même temps
Sur les maîtres du monde
Et sur la fleur des champs !

3 Oui, sa sollicitude
Veille à tous nos besoins ;
Sans nulle inquiétude
Jetons sur lui nos soins.

No 5.

Retour du printemps.

1 De la saison nouvelle
Voici l'heureux retour
La nature est plus belle
Elle embellit le jour.

REFRAIN
Gloire à la main puissante
De l'auteur de tout don !
Qu'à l'envi chacun chante :
Oh ! combien il est bon !

2 De la tranquille plaine
   Fuit l'aquilon glaçant,
   J'y sens la douce haleine
   Du zéphir caressant.
   Gloire, etc.

3 L'astre du jour nous donne
   Ses plus douces chaleurs ;
   La terre se couronne
   De ses biens enchanteurs.
   Gloire, etc.

4 Qui peut, charmant spectacle
   Vous voir sans s'attendrir ?
   Dieu par ses doux miracles
   Pense à notre plaisir.
   Gloire, etc.

5 Sa sublime sagesse
   Eclate dans les cieux,
   Sa touchante tendresse
   Pour nous orne ces lieux.
   Gloire, etc.

6 Qu'il se montre bon Père !
   Quel soin pour ses enfants !
   C'est pour eux qu'il opère
   Tant de traits ravissants.
   Gloire, etc.

7 Que la reconnaissance
   Lui consacre nos vœux ;
   Et que sa bienfaisance
   Soit louée en tout lieu.
   Gloire, etc.

N° 6.

Reconnaissance envers Dieu.

REFRAIN.
Bénissons à jamais
Le Seigneur dans ses bienfaits } bis.

1 Bénissez-le, saints Anges,
   Louez sa Majesté,
   Rendez à sa bonté,
   Mille et mille louanges.
   Bénis., etc.

2 Oh ! que c'est un bon Père !
   Qu'il a grand soin de nous,
   Il nous supporte tous,
   Malgré notre misère.
   Bénis., etc.

3 Comme un pasteur fidèle
   Sans craindre le travail,
   Il ramène au bercail,
   Une brebis rebelle.
   Bénis., etc.

4 Que tout loue en ma place
   Un Dieu si plein d'amour,
   Qui me fait chaque jour
   Une nouvelle grâce.
   Bénis., etc.

5 Sa bonté me supporte,
   Sa lumière m'instruit,
   Sa beauté me ravit,
   Son amour me transporte.
   Bénis., etc.

6 Dieu seul est ma tendresse,
   Dieu seul est mon soutien,
   Dieu seul est tout mon bien,
   Ma vie et ma richesse.
   Bénis., etc.

No 7.

Naissance du Sauveur.

REFRAIN.

Il est né le divin Enfant ;
Jouez, hautbois, résonnez, musettes ;
Il est né le divin Enfant ;
Chantons tous son avénement.

1 Depuis plus de quatre mille ans,
  Nous le promettaient les prophètes ;
  Depuis plus de quatre mille ans,
  Nous attendions cet heureux temps.   Il est né, etc.

2 Ah ! qu'il est beau, qu'il est charmant !
  Ah ! que ses grâces sont parfaites !
  Ah ! qu'il est beau, qu'il est charmant !
  Qu'il est doux ce divin Enfant !   Il est né, etc.

3 Une étable est son logement,
  Un peu de paille est sa couchette.
  Une étable est son logement ;
  Pour un Dieu quel abaissement !   Il est né, etc.

4 Il veut nos cœurs, il les attend,
  Il vient en faire la conquête ;
  Il veut nos cœurs, il les attend ;
  Qu'ils soient à lui dès ce moment.   Il est né, etc.

5 O Jésus ! ô Roi tout-puissant !
  Tout petit enfant que vous êtes,
  O Jésus ! ô Roi tout-puissant !
  Régnez sur nous entièrement.   Il est né, etc.

No 8.

Adoration des bergers.

REFRAIN.

Bergers, par les plus doux accords,
D'un Dieu célébrez la naissance ;

Bergers, par les plus doux accords,
Faites éclater vos transports.

1 Sous l'humble voile de l'enfance,
Ce Dieu cache sa majesté ;
Pour ne songer qu'à sa bonté,
Il semble oublier sa puissance.   Bergers, etc.

2 L'aimable et tranquille innocence
De son pouvoir est l'heureux fruit ;
L'enfer se tait, le crime fuit,
La paix renaît à sa présence.   Bergers, etc.

3 Né dans le sein de l'indigence,
Du pauvre il veut être l'appui ;
Bergers, sur les rois aujourd'hui
Il vous donne la préférence.   Bergers, etc.

4 Volez des voûtes éternelles,
Anges qu'embrase son amour,
Volez vers son obscur séjour,
Venez le couvrir de vos ailes.   Bergers, etc.

5 Pour nous sa tendresse est extrême ;
Sa bonté doit nous enflammer ;
Puisque Dieu daigne nous aimer,
Sans doute il mérite qu'on l'aime.   Bergers, etc.

N° 9.

Gloire à Jésus enfant.

Le Fils du Roi de gloire
Est descendu des cieux ;
Que nos chants de victoire,
Résonnent dans ces lieux.
Il dompte les enfers,
Il calme les alarmes,
Il tire l'univers
    Des fers,
Et pour jamais
    Lui rend la paix.
Ne versons plus de larmes.

L'amour seul l'a fait naître
Pour le salut de tous ;
Il fait par là connaître
Ce qu'il attend de nous :
Un cœur brûlant d'amour
Est le plus bel hommage ;
Faisons-lui tour à tour
    La cour ;
Dès aujourd'hui
    N'aimons que lui.
Qu'il soit notre partage.

No 10.

Saint nom de Jésus.

1 Vive Jésus! C'est le cri de mon âme.
Vive Jésus! le Maître des vertus!
Aimable nom, quand ma voix te proclame
D'un nouveau feu pour toi mon cœur s'enflamme.
    Vive Jésus! Vive Jésus!

2 Vive Jésus! c'est le cri qui rallie,
Sous ses drapeaux le peuple des élus.
Suivre Jésus, c'est aussi mon envie;
Suivre Jésus, c'est mon bien, c'est ma vie.
    Vive Jésus! Vive Jésus!

3 Vive Jésus! ce cri-là me console,
Lorsque de moi le monde ne veut plus,
Adieu, lui dis-je, adieu, monde frivole;
Bien insensé qui pour toi se désole!
    Vive Jésus! Vive Jésus!

4 Vive Jésus! c'est un cri d'espérance
Pour les pécheurs repentants et confus;
Sur eux du Ciel attirant la clémence,
Ce nom sacré soutient leur pénitence.
    Vive Jésus! Vive Jésus!

No 11.

Amour de préférence pour Jésus.

1 Que Jésus est un bon maître,
Et qu'il est doux de l'aimer!
Bienheureux qui sait connaître
Combien il peut nous charmer!

REFRAIN.

Divin Sauveur!
Beauté suprême!
Oui, je vous aime,

Divin Sauveur !
Je vous aime, je vous aime
De tout mon cœur. (bis.)

2 Mettons-nous sous son empire,
Soyons à lui pour jamais ;
Et que notre âme n'aspire
Qu'à goûter ses saints attraits.
Divin, etc.

Nº 12.

Souvenir de Jésus crucifié.

1 Aimons Jésus pour nous en croix,
N'est-il pas bien juste qu'on l'aime,
Puisqu'en expirant sur ce bois,
Il nous aima plus que lui-même ?

REFRAIN.
Chrétiens, chantons à haute voix,
Vive Jésus, vive sa croix. (bis.)

2 Gloire à cette divine croix !
Le Sauveur l'ayant épousée,
Elle n'est plus comme autrefois,
Un objet d'horreur, de risée.
Chrétiens, etc.

3 Gloire à cette divine croix,
Ce n'est pas le bois que j'adore,
Mais c'est mon Sauveur sur ce bois,
Que je révère et que j'implore.
Chrétiens, etc.

Nº 13.

Jésus-Christ ressuscité.

1 Jésus paraît en vainqueur ;
Sa bonté, sa douceur
Est égale à sa grandeur ;

Jésus paraît en vainqueur :
Aujourd'hui donnons-lui notre cœur.
    Malgré nos forfaits,
    Ses divins bienfaits,
    Ses charmants attraits,
Ne nous parlent que de paix.
    Pleurons nos forfaits,
    Chantons ses bienfaits,
Rendons-nous à ses charmants attraits.

2 Chrétiens, joignez vos concerts ;
    Jésus charge de fers
  La mort, fille des enfers.
  Chrétiens, joignez vos concerts,
  Que son nom réjouisse les airs !
    Juste ciel ! quel choix !
    Quoi ! le Roi des rois
    A dû, sur la croix,
  Au ciel acquérir des droits !
    Embrassons la croix,
    Que ce libre choix
Au ciel assure à jamais nos droits.

N° 14.
Quel bonheur d'être chrétien.

1 Quelle nouvelle et sainte ardeur,
   En ce jour transporte mon âme ;
   Je sens que l'Esprit créateur,
   De son feu tout divin m'enflamme.

       REFRAIN.

Vive Jésus, je crois, je suis chrétien,
    Censeurs, je vous méprise ;
Lancez, lancez vos traits, je ne crains rien,
    Mon bras vainqueur les brise.   (bis.)

2 Il faut, dans un noble combat,
   Pour vous, Seigneur, que je m'engage,
   Vous m'avez fait votre soldat,
   Vous m'en donnerez le courage.   Vive Jésus, etc.

N° 15.
Invocation du Saint-Esprit.

Esprit-Saint, descendez en nous ; *(bis.)*
Embrasez notre cœur de vos feux les plus doux.

1   Sans vous, notre vaine prudence
    Ne peut, hélas! que s'égarer.
    Ah! dissipez notre ignorance,   *(bis)*
    Esprit d'intelligence,
    Venez nous éclairer.
    Esprit-Saint, etc.

2   Enseignez-nous la divine sagesse,
    Seule, elle peut nous conduire au bonheur ;
    Dans ses sentiers, qu'heureuse est la jeunesse!
    Qu'heureuse est la vieillesse!
    Esprit-Saint, etc.

N° 16.
Merveilles de l'Eucharistie.

1   Par les chants les plus magnifiques,
    Sion, célèbre ton Sauveur ;
    Exalte dans tes saints cantiques
    Ton Dieu, ton chef et ton pasteur ;
    Redouble aujourd'hui, pour lui plaire,
    Tes transports, tes soins empressés :
    Jamais tu n'en pourras trop faire,   *(bis.)*
    Tu n'en feras jamais assez.

2   Je te salue, ô pain des anges,
    Aujourd'hui pain du voyageur ;
    Toi que j'adore et que je mange,
    Ah! viens dissiper ma langueur.
    Loin de toi, l'impur, le profane,
    Pain réservé pour les enfants,
    Mets des élus, céleste manne,   *(bis.)*
    Objet seul digne de nos chants.

N° 17.

Reconnaissance envers Jésus-Christ.

REFRAIN.
Chantons en ce jour
Jésus et sa tendresse extrême ;
Chantons en ce jour
Et ses bienfaits et son amour.

1. Il a daigné lui-même
Descendre dans mon cœur,
De ce bonheur suprême
Célébrons les douceurs.
   Chantons, etc.

2. Si ce profond mystère
Vient éprouver ma foi,
C'est l'amour qui m'éclaire
Et vous découvre à moi.
   Chantons, etc.

3. Ami le plus sincère,
Généreux bienfaiteur
Il est plus, il est père,
Donnons-lui notre cœur.
   Chantons, etc.

N° 18.

Confiance en Marie.

1. Je mets ma confiance,
Vierge, en votre secours ;
Servez-moi de défense,
Prenez soin de mes jours.
Et quand ma dernière heure
Viendra fixer mon sort,
Obtenez que je meure
De la plus sainte mort. *(bis.)*

2. A votre bienveillance,
O Vierge ! j'ai recours,
Soyez mon assistance
En tous lieux et toujours.
Vous êtes notre Mère,
Jésus est votre Fils ;
Portez-lui la prière
De son enfant chéri. *(bis.)*

N° 19.

Le saint nom de Marie.

REFRAIN.
1. C'est le nom de Marie
Qu'on célèbre en ce jour ;
O famille chérie !
Chantez ce nom d'amour.

2. C'est le nom d'une mère.
Chantez petits enfants,
Unissez pour lui plaire
Et vos cœurs et vos chants.

3. C'est un nom de puissance,
Un nom plein de douceur,
Mais toujours sa clémence,
Surpasse sa grandeur.

4. Que le nom de ma mère,
Au dernier de mes jours
Soit toute ma prière,
Qu'il soit tout mon secours.

Nº 20.

Se donner à Marie.

REFRAIN

En ce jour,
O bonne
Patronne *(bis.)*
Je te donne
Mon amour.

1 Jour et nuit
La terre
Entière
Tendre Mère,
Te bénit.
En ce jour, etc.

2 Pour toujours
Mon âme
S'enflamme
Et réclame
Ton secours.
En ce jour, etc.

3 Donne-moi,
Marie,
Chérie.
Pour la vie,
D'être à lui.
En ce jour, etc.

Nº 21.

Triomphe de Marie.

REFRAIN.

Triomphez, Reine des cieux.
A vous bénir que tout s'empresse ;
Triomphez, Reine des cieux,
Dans tous les temps, dans tous les lieux. *(bis.)*

1 Que l'amour nous prête,
En ce jour de fête,
Que l'amour nous prête
Ses plus doux accords ;
Et que notre voix s'apprête
A seconder ses efforts.
Triomphez, etc.

2 Qu'à jamais de ses faveurs
Nos chants rappellent la mémoire,
Qu'à jamais de ses faveurs
Le souvenir charme nos cœurs.
Le ciel et la terre,
Ravis de lui plaire,

Le ciel et la terre
Chantent ses appas.
Vos enfants, ô tendre Mère,
Ne vous béniront-ils pas ?
Triomphez, etc.

No 22.

Gloire de Marie.

1 Unis aux concerts des anges,
Aimable Reine des cieux,
Nous célébrons tes louanges
Par nos chants mélodieux.

REFRAIN.

De Marie
Qu'on publie
Et la gloire et les grandeurs,
Qu'on l'honore,
Qu'on l'implore
Qu'elle règne sur nos cœurs.

2 Auprès d'elle la nature
Est sans grâce et sans beauté,
Les cieux perdent leur parure,
L'astre du jour sa clarté.
De Marie, etc.

3 C'est la Vierge incomparable.
Gloire et salut d'Israël,
Qui pour un monde coupable
Fléchit le courroux du ciel.
De Marie, etc.

No 23.

Confiance en Marie.

1 Vierge sainte, ô tendre Mère !
Je me jette entre tes bras ;
Là, viens me faire la guerre,
Enfer, je ne te crains pas.
A ton nom, douce Marie,
Je sens mon cœur s'attendrir ;
Qui l'invoque obtient la vie,
Qui l'aime ne peut périr.

REFRAIN.

Mère de la sainte espérance,
O vous dont le nom est si doux,
Sensible à notre confiance,
Reine des cieux, priez pour nous.

2 Protégez-nous, Vierge Marie,
O vous dont l'auguste pouvoir
Inspire à l'âme qui vous prie
Le doux sentiment de l'espoir ;
Votre égide est l'ancre dernière
Du nautonnier près de la mort ;
Soyez l'étoile tutélaire,
Qui nous conduise tous au port.
Mère, etc.

N° 24.

Consécration à Marie.

Bonne Marie,
Mère chérie,
Tu veux que je sois ton enfant.
Bonne Marie,
Mère chérie,
Je le veux, j'en fais le serment ;

1 Du ciel, ô mon âme ravie,
J'entends redire à chaque instant
Mon fils, seras-tu à Marie ?
Pour jamais j'en fais le serment.
Bonne Marie.

2 Du sein de la gloire éternelle,
Ma Mère anime mon ardeur ;
Si mon cœur lui reste fidèle,
Par elle je serai vainqueur.
Bonne Marie.

N° 25.

Confiance à l'ange gardien.

1 Ange de Dieu,
Ministre de sa providence ;
Ange de Dieu,
Qui daignez me suivre en tout lieu.

A l'ombre de votre présence,
Garantissez mon innocence,
  Ange de Dieu. (*bis.*)

2   Dans cet exil,
Soyez sensible à ma misère,
   Dans cet exil,
Sauvez mes jours de tout péril.
Soyez ma force et ma lumière,
Mon maître, mon ami, mon père,
   Dans cet exil. (*bis.*)

N° 26.
La gloire des Saints.

1 Chantons les combats et la gloire
Des saints, nos illustres aïeux ;
Ils ont remporté la victoire,
Ils sont couronnés dans les cieux.
Il n'est plus pour eux de tristesse,
Plus de combats, plus de douleurs,
Ils moissonnent dans l'allégresse, } (*bis.*)
Ce qu'ils ont semé dans les pleurs.

2 Grands saints, vous êtes nos modèles,
Nous serons vos imitateurs ;
Nous voulons vous être fidèles,
Daignez être nos protecteurs.
Puissions-nous, marchant sur vos traces,
Etre toujours à Dieu soumis,
Sollicitez pour nous ces grâces, } (*bis.*)
Puisque vous êtes nos amis.

N° 27.
Bonheur du ciel.

Du séjour de la gloire,
Bienheureux, dites-nous,
Après votre victoire,
Quels biens possédez-vous ?

Ces biens sont ineffables,
Le cœur n'a point compris
Quels trésors admirables
Dieu garde à ses amis.

Martyrs dont le courage
Triomphe des bourreaux,
Quel est votre partage,
Après vos durs travaux ?

Voyez notre couronne,
La palme est dans nos mains,
Nous partageons le trône
Du Sauveur des humains.

Ah ! daignez nous apprendre
En cet exil cruel,
Quelle route il faut prendre
Pour arriver au ciel.

Il faut dans la carrière
Marcher avec ardeur,
La couronne dernière
Est le prix du vainqueur.

N° 28.
Grandeur de saint Joseph.

O toi ! digne époux de Marie,
Fidèle gardien de Jésus,
Dont le ciel embellit la vie,
Des plus admirables vertus.
Saint patriarche, ô notre père,
Noble héritier de tant de rois,
Ta protection tutélaire,
Sur nos cœurs te donne des droits.

REFRAIN.

Peuples, célébrons sa mémoire,
Consacrons-lui nos saints transports,
Anges, du séjour de la gloire,
Unissez-vous à nos accords.

Notre âme, ô Joseph, se confie
Aux soins de ton cœur paternel ;
Nous te consacrons notre vie,
Veille sur nous du haut du ciel ;
Mille dangers sur cette terre,
Environnent tous nos instants ;
Que toujours ta main tutélaire,
Protége tes faibles enfants.

N° 29.
Saint Nicolas, patron des enfants.

1 Heureux enfants, accourez tous,
   A Nicolas rendez hommage,

De vos amis c'est le plus doux,
Heureux enfants, accourez tous ;
A son culte consacrez-vous,   } (bis.)
Il est le patron de votre âge.

2 Aimable saint, priez pour nous,
Obtenez qu'en suivant vos traces,
Au ciel nous montions après vous,
Aimable saint priez pour nous ;
Nous implorons à vos genoux,   } (bis.)
Le secours des célestes grâces.

N° 30.
Retour du pécheur à Dieu.

1 Reviens, pécheur, à ton Dieu qui t'appelle,
Viens au plus tôt te ranger sous sa loi,
Tu n'as été déjà que trop rebelle ;
Reviens à lui puisqu'il revient à toi. (bis.)

2 Voici, Seigneur, cette brebis errante,
Que vous daignez chercher depuis longtemps,
Touché, confus d'une si longue attente,
Sans plus tarder je reviens, je me rends. (bis.)

3 Pour t'attirer ma voix se fait entendre,
Sans me lasser, partout je te poursuis ;
D'un Dieu pour toi, du père le plus tendre,
J'ai les bontés, ingrat, et tu me fuis. (bis.)

4 Errant, perdu, je cherchais un asile,
Je m'efforçais de vivre sans effroi,
Hélas ! Seigneur, pouvais-je être tranquille,
Si loin de vous et vous si loin de moi. (bis.)

N° 31.
S'offrir à Dieu.

O Dieu dont je tiens l'être !
Toi qui règles mon sort
Seul arbitre, seul maître,
De mes jours, de ma mort.
Je t'offre les prémices
Du jour qui luit sur moi,
Et veux sous tes auspices,
Ne les donner qu'à toi.

Que ta bonté facile
Qui voit tous mes besoins,
Rende à tes yeux utiles,
Mon travail et mes soins ;

Et que, suivant la trace
Que nous ouvrent les saints,
Mes jours soient par ta grâce,
Des jours et purs et pleins.

N° 32.
Le bonheur d'être à Dieu.

1 Il n'est pour moi qu'un seul bien sur la terre,
Et c'est Dieu seul qui fait mon vrai trésor,
Dieu seul encore soulage ma misère,
Et vers Dieu seul mon cœur prendra l'essor.
 Je bénis sa tendresse
 Et répète sans cesse
Ce cri d'amour, cet élan d'un grand cœur :
Dieu seul, Dieu seul, voilà le vrai bonheur. *(bis.)*

2 Dieu enfin guérit toute blessure,
Dieu seul partout est un puissant secours ;
Dieu seul suffit à l'âme droite et pure,
Et c'est Dieu seul qu'elle cherche toujours.
 Répétons, ô mon âme,
 Ce chant qui seul enflamme,
Ces cris d'amour, ce cantique du cœur :
Dieu seul, Dieu seul, voilà le vrai bonheur. *(bis.)*

N° 33.
Exhortation à la charité.

1 Quand vous voyez un pauvre gémir,
Souvenez-vous qu'il est votre frère,
Empressez-vous de le secourir,
 Ecoutez sa prière.

REFRAIN.

C'est un devoir de la charité,
De la probité, de l'humanité,
 Qu'on doit lui rendre
 Sans rien attendre,
 Et sans vanité.

2 On est payé du bien que l'on fait,
   Par le plaisir qu'on sent à le faire ;
   Pour un grand cœur est-il en effet,
      De plus noble salaire.
C'est, etc.

3 Cent fois heureux les cœurs attendris,
   Toujours ouverts aux cris de leurs frères,
   Et qui pour Dieu les ont réjouis,
      Au sein de leur misère.
C'est, etc.

No 34.

Soin du salut.

1 Travaillez à votre salut :
   Quand on le veut, il est facile ;
   Chrétiens, n'ayez point d'autre but ;
   Sans lui tout devient inutile. (bis).

REFRAIN.

Sans le salut, (bis) pensez-y bien,
Tout ne vous servira de rien. (bis.)

2 Oh ! que l'on perd en le perdant !
   On perd le céleste héritage :
   Au lieu d'un bonheur si charmant,
   On a l'enfer pour son partage. (bis.)

3 Que sert de gagner l'univers,
   Dit Jésus, si l'on perd son âme,
   Et s'il faut, au fond des enfers,
   Brûler d'une éternelle flamme? (bis.)

No 35.

Souvenir de l'enfance.

Combien j'ai douce souvenance,
Des beaux jours de mon innocence.

Mon Dieu! qu'ils étaient beaux ces jours
    D'enfance,
Où vous faisiez mes seules amours,
    Toujours.

Il me souvient du sanctuaire,
Où j'allais faire ma prière
A la Vierge aux regards pieux,
    Ma Mère,
Gardienne des trésors précieux
    Des cieux.

N° 36.
Soupirs vers le Ciel.

1 Beau ciel, éternelle patrie,
  Vous épuisez tous mes désirs;
  Du monde les biens, les plaisirs
  N'ont plus rien qui me fasse envie.

REFRAIN.
O Sion, demeure chérie,
Des élus aimable patrie,
Quand m'apparaîtront tes grandeurs?
Quand goûterai-je tes douceurs? (*ter.*)

2 O bonheur qui jamais ne lasse!
  O pure et douce volupté!
  Le Dieu d'éternelle beauté
  Se montre aux élus face à face.

3 Grand Dieu que j'adore et que j'aime,
  Vous ferez donc tout mon bonheur!
  Là, vous satisferez mon cœur,
  En le remplissant de vous-même.

N° 37. — Grosse en volée.
Le bon Pasteur.

REFRAIN.

O Dieu de l'enfance,   Donne l'innocence
Jésus, bon Pasteur,   Qui fait le bonheur.

1 De la dent cruelle
  Des loups ravissants,
  Ta main paternelle,
  Garde tes enfants.
  O Dieu, etc.

2 Tu nous sanctifies
  Dès notre berceau,
  Nous puisons la vie

Au sang de l'Agneau.
O Dieu, etc.

3 Aux gras pâturages
  Conduis tes brebis,
  Sous les frais ombrages
  De ton paradis.
  O Dieu, etc.

N° 38. — Moyenne en volée.

La divine Enfance.

REFRAIN.
O divine enfance
De mon doux Sauveur !
Aimable innocence,
Tu ravis mon cœur.

1 Que dans sa faiblesse,
  Il paraît puissant !
  Oh! plus il s'abaisse
  Et plus il est grand.
  O divine, etc.

2 Descendez saints Anges
  Venez en ces lieux,
  Voyez dans ces langes
  Le maître des cieux.
  O divine, etc.

3 Quelles ont de charmes
  Aux yeux de ma foi,
  Ces premières larmes
  Qu'il verse pour moi.
  O divine, etc.

N° 39. — Petite en volée.

Jésus, modèle de l'enfance.

1 O vous, dont les tendres ans
  Croissent encore innocents,
  Pour sauver à votre enfance
  Le trésor de l'innocence,
  Contemplez l'enfant Jésus,
  Et prenez-en les vertus.

2 Tout m'instruit dans l'Enfant-Dieu.]
  Son respect pour le saint lieu,
  Son air modeste humble affable,]
  Sa douceur inaltérable,
  Son zèle, sa charité,
  Sa clémence, sa bonté.

N° 40.

Cri des trépassés.

Priez pour nous ; mortels, secourez-nous !

N° 41. — 3 cloches, 2 combinaisons.

Gloire à Marie

REFRAIN.

Bénissons en ce jour } bis.
La Mère du Dieu d'amour.

1 Portez-la sur vos ailes,
O brûlant Séraphin !
Trônes et Cherubins !
Soyez-lui tous fidèles.
Bénissons, etc.

2 Que la tendre Marie
Règne sur l'univers,
Elle a brisé nos fers,
Et nous avons la vie.
Bénissons, etc.

3 Que le ciel et la terre
L'honorent à la fois ;
Que les sujets, les rois,
La prennent pour leur Mère.
Bénissons, etc.

4 Jetons-nous à l'envi
Dans ses bras maternels,
Entourons les autels
De la tendre Marie.
Bénissons, etc.

N° 42. — 4 cloches, 1 comb.

Hommage à la croix.

1   Puissant Roi des rois,
Mort pour moi sur le calvaire,
Du haut de ce bois
Daigne entendre ma faible voix,
Viens, viens me couvrir de ta croix,
Ombre salutaire,
Espoir de tout le genre humain,
Bouclier du chrétien,
Viens, viens, viens. (bis.)

REFRAIN.

Célébrons à jamais,
Son triomphe et sa puissance,
Célébrons à jamais,
Et son amour et ses bienfaits.

2   Croix du Dieu sauveur ;
O trésor inépuisable,

Source de bonheur,
Reçois l'hommage de mon cœur.
Viens me combler de tes faveurs,
O croix adorable,
Tu seras l'appui du chrétien,
Aimable soutien,
Viens, viens, viens. (*bis.*)
Célébrons etc.

N° 43. — 4 cloches, 2 combinaisons.

Le mois de Marie.

REFRAIN.
C'est le mois de Marie,
C'est le mois le plus beau,
A la Vierge chérie
Disons un chant nouveau.

1 Ornons le sanctuaire
De nos plus belles fleurs,
Offrons à notre Mère
Et nos chants et nos cœurs.
C'est, etc.

2 De la saison nouvelle
On vante les bienfaits,
Marie est bien plus belle
Plus doux sont ses attraits.
C'est, etc.

3 Défends notre jeunesse
Des plaisirs séduisants ;
Montre-nous ta tendresse,
Jusqu'à nos derniers ans.
C'est, etc.

N° 44. — 4 cloches, 3 comb.

Soupirs vers le ciel.

1 Sainte Cité, demeure permanente,
Sacré palais qu'habite le grand Roi,
Où doit un jour régner l'âme innocente ;
Quoi de plus doux que de penser à toi ?

REFRAIN.
O ma patrie, ô mon bonheur !
Toute ma vie sois le vœu de mon cœur,

2 Beauté divine, ô félicité ravissante !
Tu fais l'objet du suprême bonheur ;
Oh ! quand naîtra cette aurore brillante,
Où nous pourrons contempler ta splendeur.
O ma patrie, etc.

3 Puisque Dieu seul est notre récompense,
Qu'il soit la fin de nos travaux :
Dans cette vie, un moment de souffrance,
Mérite au ciel un éternel repos.
   O ma patrie, etc.

N° 45. — 5 cloches, 1 combinaison.
Triomphe de la croix.

REFRAIN.

Du vainqueur de l'enfer célébrons la victoire ;
Réunissons nos cœurs, réunissons nos voix.
Chantons avec transport son triomphe et sa gloire ;
Chantons : vive Jésus; chantons : vive sa croix. (bis.)

1 Célébrons la victoire
D'un Dieu mort sur la croix ;
Et pour chanter sa gloire
Réunissons nos voix.   (bis.)

2 Que le ciel applaudisse
Aux chants de notre amour,
Et que l'enfer frémisse
Du bonheur de ce jour. (bis.)
Du vainqueur, etc.

3 De son amour extrême
Cédant aux traits vainqueurs,
Pour le Dieu qui nous aime,
Réunissons nos cœurs. (bis.)
Du vainqueur, etc.

4 Chantons tous la victoire
Du Maître des vainqueurs,
Consacrons à sa gloire,
Et nos voix et nos cœurs.

N° 46. — 5 cloches, 2 comb.
Reconnaissance.

Seigneur, dès ma première enfance,
Tu me prévins de tes bienfaits,
Heureux si ma reconnaissance,
Dans mon cœur les grave à jamais.

REFRAIN.

Le monde trompeur et volage,
En vain m'offrirait sa faveur.
Tout mon désir, tout mon partage, { (bis.)
Est de n'aimer que le Seigneur.

Si je suis constant et fidèle,
A conserver son saint amour,
Une récompense éternelle,
M'attend dans son divin séjour.

N° 47. — 5 cloches, 3 comb.

Gloire des saints anges.

1 Immortelle Sion, de ton auguste enceinte,
Ouvre à nos yeux ravis la gloire et la splendeur;
Montre-nous du Très-Haut l'éternelle grandeur,
Et la céleste cour de sa majesté sainte.

CHŒUR.

Venez, venez, illustre chœur des esprits bienheureux,
Répétez à jamais sur vos lyres sublimes,
   Votre triomphe glorieux, (*bis*.)
   Sur l'ange des abîmes. (*bis*.)

2 Là des groupes sacrés de protecteurs fidèles,
S'attachent à nos pas, dirigent nos destins;
Et nous marchons en paix dans tes sentiers divins,
A l'abri bienfaisant de leurs puissantes ailes.

Venez, etc.

N° 48. — 5 cloches, 4 combinaisons.

Amour de Marie.

1 D'être enfant de Marie,
  Ah! qu'il nous est doux;
Venez troupe chérie,
  Honorons-la tous.

CHŒUR.

Chantons ses louanges,
Chantons tour à tour.
Imitons les anges,
Qui brûlent d'amour. } (*bis*.)

2. O divine Marie,
Daignez en ce beau jour
Recevoir pour la vie,
Notre cœur sans retour.
Chantons, etc.

3. Empressés de lui plaire,
Ses vrais serviteurs,
Pleins d'un zèle sincère,
Chantent ses grandeurs.
Chantons, etc.

4. Aux pieds de votre image,
Voyez vos enfants,
Ils vous offrent l'hommage
De leurs jeunes ans.
Chantons, etc.

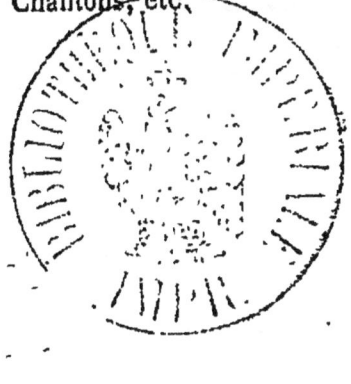

Mirecourt, imp. Bumbert.

TABLE DES CANTIQUES

N° 1. A qui doit-on	1	
2. Du Roi des cieux	2	
3. Oh! qu'il est admirable	4	
4. O douce Providence	5	
5. De la saison nouvelle	5	
6. Bénissons à jamais	6	
7. Il est né le divin Enfant	7	
8. Bergers, par les plus doux	7	
9. Le Fils du Roi de gloire	8	
10. Vive Jésus	9	
11. Que Jésus est un bon	9	
12. Aimons Jésus pour nous	10	
13. Jésus paraît en vainqueur	10	
14. Quelle nouvelle et sainte	11	
15. Esprit-Saint, descendez	12	
16. Par les chants les plus	12	
17. Chantons en ce jour	13	
18. Je mets ma confiance	13	
19. C'est le nom de Marie	13	
20. En ce jour	14	
21. Triomphez, Reine des cieux	14	
22. Unis aux concerts des anges	15	
23. Vierge sainte, ô tendre Mère	15	
24. Bonne Marie	16	
N° 25. Anges de Dieu	16	
26. Chantons les combats	17	
27. Du séjour de la gloire	17	
28. O toi, digne époux de	18	
29. Heureux enfants	18	
30. Reviens, pécheur	19	
31. O Dieu dont je tiens	19	
32. Il n'est pour moi	20	
33. Quand vous voyez	20	
34. Travaillez à votre salut	21	
35. Combien j'ai douce	21	
36. Beau ciel	22	
37. O Dieu de l'enfance	22	
38. O divine enfance	23	
39. O vous dont les tendres	23	
40. Cris des trépassés	23	
41. Bénissons en ce jour	24	
42. Puissant Roi des rois	24	
43. C'est le mois de Marie	25	
44. Sainte Cité, demeure	25	
45. Célébrons la victoire	26	
46. Seigneur, dès ma prem.	26	
47. Immortelle Sion	27	
48. D'être enfant de Marie	27	

www.ingramcontent.com/pod-product-compliance
Lightning Source LLC
Chambersburg PA
CBHW060714050426
42451CB00010B/1434